La science dans mon monde : niveau 2

L'eau, de l'eau partout

Julie K. Lundgren

Un livre de la collection
Les jeunes plantes de Crabtree

CRABTREE
Publishing Company
www.crabtreebooks.com

Table des matières

De l'eau pour la vie

L'eau joue un rôle essentiel pour la Terre et pour la vie. Nous avons besoin d'eau.

L’eau permet de vivre

et de grandir.

L’eau peut avoir trois formes :

solide

liquide

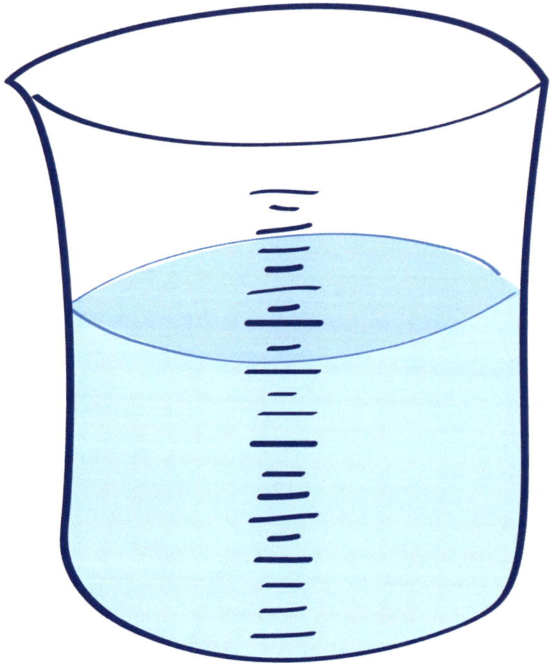

gaz

La majeure partie de l'eau sur la Terre est **liquide**.

Nous la buvons, nous jouons avec
et nous l'utilisons pour nous laver.

La glace et la neige sont de l’eau **solide**.

L’eau devient un **gaz** quand elle est chauffée.

La chaleur et le froid changent la forme de l’eau. L’eau peut changer de forme encore et encore.

solide **liquide** **gaz**

Relie les mots ci-dessus à l'image qui correspond.

L'eau se déplace

L’eau liquide peut se déplacer.

Les vagues roulent dans la mer.

Les rivières coulent vers le bas.

Les rivières coulent des endroits élevés vers les lacs et les océans.

Quand il fait très froid, l'eau tombe sous forme de neige. Quand la neige fond, elle devient liquide.

L'eau de la Terre

La majeure partie de la Terre est couverte d'eau.

Il y a de l'**eau salée** dans les océans et les mers.

Il y a de l'**eau douce** dans la plupart des rivières, lacs et étangs.

La Terre a plus d'eau salée que d'eau douce.
Nous pouvons seulement boire l'eau douce.

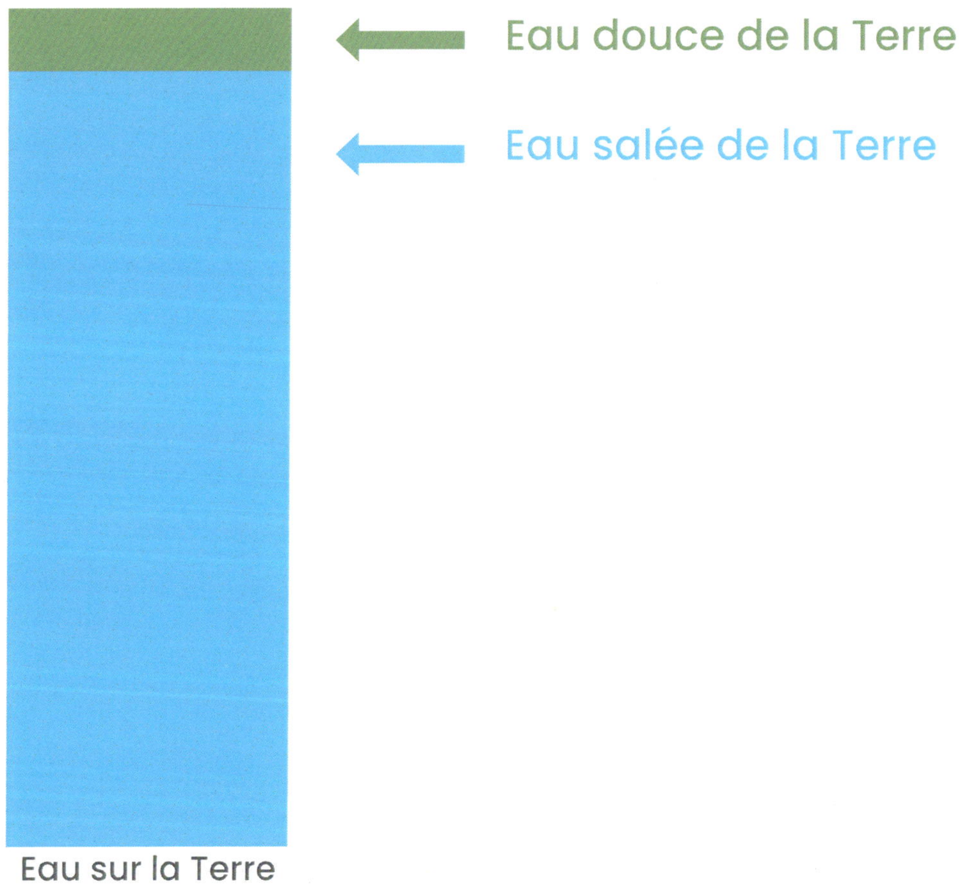

L'eau de la Terre a un **cycle**. Le soleil et le vent changent l'eau en gaz. Ce gaz forme les **nuages**.

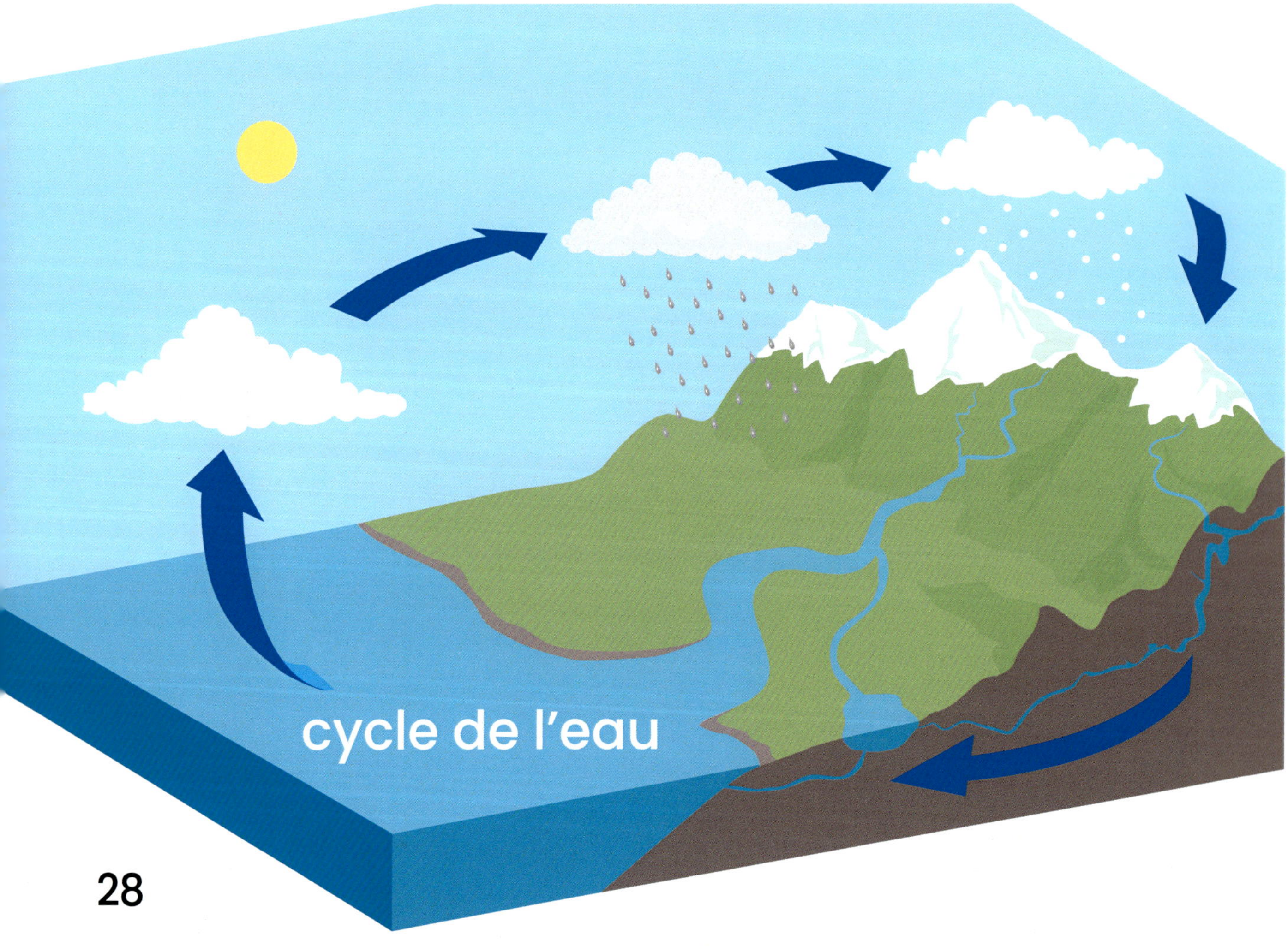

Quand les nuages sont remplis d'eau, l'eau commence à tomber sous forme de pluie ou de neige.

Glossaire

cycle (ssikl) : Une série d'étapes qui se produisent encore et encore

eau douce (o douss) : De l'eau qui ne contient pas de sel

eau salée (o ssa-lé) : De l'eau qui contient du sel

gaz (gaz) : Une vapeur, la forme que prend l'eau quand l'air est chaud et sec

liquide (li-kid) : L'eau à une température normale

nuages (nuaj) : Masses de gouttelettes d'eau ou de cristaux de glace dans le ciel

solide (sso-lid) : De l'eau à une température très froide; glace

Index

Soutien de l'école à la maison pour les parents, les gardiens et les enseignants

Ce livre aide les enfants à se développer grâce à la pratique de la lecture. Voici quelques exemples de questions pour aider le lecteur ou la lectrice à développer ses capacités de compréhension. Les suggestions de réponses sont indiquées en rouge.

Avant la lecture

- **De quoi ce livre parle-t-il?** *Je pense que ce livre parle des océans et des rivières. Je pense que ce livre parle de l'importance de l'eau pour les organismes vivants.*
- **Qu'est-ce que je veux apprendre sur ce sujet?** *Je veux connaître la quantité d'eau sur la Terre. Je veux en apprendre plus sur le cycle de l'eau.*

Pendant la lecture

- **Je me demande pourquoi...** *Je me demande pourquoi l'eau peut passer de l'état liquide à l'état solide ou gazeux. Je me demande pourquoi il y a de l'eau douce dans la plupart des rivières, des lacs et des étangs.*
- **Qu'est-ce que j'ai appris jusqu'à présent?** *J'ai appris que la majeure partie de la Terre est recouverte d'eau. J'ai appris que l'eau devient un gaz quand elle est chauffée.*

Après la lecture

- **Nomme quelques détails que tu as retenus.** *J'ai appris qu'il y a plus d'eau salée que d'eau douce sur la Terre. J'ai appris que les rivières coulent vers le bas jusqu'aux lacs et aux océans.*
- **Lis le livre à nouveau et cherche les mots du glossaire.** *Je vois les mots **eau salée** à la page 24 et le mot **cycle** à la page 28. Les autres mots du glossaire se trouvent à la page 30.*

Crabtree Publishing Company

www.crabtreebooks.com 1–800–387–7650

Version imprimée du livre produite conjointement avec Blue Door Education en 2021.

Références photographiques : www.shutterstock.com. Couverture ©openbestdesignstock; p. 2-3 : ©shutterstock.com/ rangizzz. p. 4-5 (fillette) © tanikewak, (plante) © Nicholas Piccillo, (arrosoir) © IKO-studio, (gouttes d'eau) © sarininka; p. 6-7 © sumstock; p. 8-9 (fillette) © GWImages, (image en arrière-plan) © Chepko Danil Vitalevich; p. 10-11 © Losevsky Pavel, Serg64; p. 12-13 ©shutterstock.com/itor. p. 14-15 © Lassee Kirstensen, R.S. Jegg, psamtik; p. 16-17 ©shutterstock.com/Wonderful Nature, Kairos; p. 18-19 ©shutterstock.com/Lukassek. p. 20-21 © Popkov; p. 22-23 (Terre) © Leigh Prather; p. 24-25 ©shutterstock.com/Mia2you, Lynn Whitt; p. 26-27 © Liudmila P. Sundikova; p. 28-29 © (cycle de l'eau) © Jeremy Mayes, (photo de nuages) © shutterstock.com/ Circumnavigation, p. 31 ©shutterstock.com/Hekla Hekla

Imprimé au Canada/112021/CPC

Autrice : Julie K. Lundgren
Coordonnatrice de l'impression : Katherine Berti
Traduction : Annie Evearts

Publié au Canada par Crabtree Publishing
616 Welland Ave.
St. Catharines, ON
L2M 5V6

Publié aux États-Unis par Crabtree Publishing
347 Fifth Ave
Suite 1402-145
New York, NY 10016

Catalogage avant publication de Bibliothèque et Archives Canada

Titre: L'eau, de l'eau partout / Julie K. Lundgren ; texte français d'Annie Evearts.
Autres titres: Water, water everywhere. Français.
Noms: Lundgren, Julie K., auteur.
Description: Mention de collection: La science dans mon monde : niveau 2 | Les jeunes plantes de Crabtree | Traduction de : Water, water everywhere. | Comprend un index.
Identifiants: Canadiana (livre imprimé) 20210267100 | Canadiana (livre numérique) 2021026716X | ISBN 9781039609464 (couverture souple) | ISBN 9781039609532 (HTML) | ISBN 9781039609600 (EPUB)
Vedettes-matière: RVM: Eau—Ouvrages pour la jeunesse. | RVMGF: Documents pour la jeunesse.
Classification: LCC GB662.3 .L8614 2022 | CDD j553.7—dc23